**SCHOLASTIC News**

**Nonfiction Readers® en español**

# Cómo crece un oso

## Por
## Pam Zollman

Children's Press®
An Imprint of Scholastic Inc.
New York  Toronto  London  Auckland  Sydney
Mexico City  New Delhi  Hong Kong
Danbury, Connecticut

Consultant: Dr. Lynn Rogers
Principal Biologist, Wildlife Research Institute

Curriculum Specialist: Linda Bullock

**Special thanks to the Kansas City Zoo**

Photo Credits:

Photographs © 2005: Animals Animals/Norbert Rosing: 5 top right, 8; Corbis Images: 23 top left (Robert Pickett), 5 bottom left, 9 (Scott T. Smith); Dembinsky Photo Assoc.: cover center inset (Claudia Adams), cover right inset, 20 top right, 21 top left (Dominique Braud), cover background, back cover, 20 bottom right, 21 top right (Bill Lea), 23 bottom left (Skip Moody); Lynn & Donna Rogers: 4 bottom left, 5 bottom right, 16, 17, 21 bottom left, 21 center right; Minden Pictures: 4 top, 11 (Jim Brandenburg), 15 (Matthias Breiter), 2, 4 bottom right, 7 (Yva Momatiuk/John Eastcott); Photo Researchers, NY: 5 top left, 13 (Tom Bledsoe), 1, 19 (Jeff Lepore), 23 top right (Steve & Dave Maslowski), cover left inset, 20 center right (Len Rue Jr.); Visuals Unlimited: 20 top left (Bill Banaszewski), 23 bottom right (Joe McDonald).

Book Design: Simonsays Design!

Library of Congress Cataloging-in-Publication Data

Zollman, Pam.
 [Bear cub grows up. Spanish]
 Cómo crece un oso / por Pam Zollman.
   p. cm. – (Scholastic news nonfiction readers en español)
 Includes bibliographical references and index.
 ISBN-13: 978-0-531-20704-8 (lib. bdg.)    978-0-531-20638-6 (pbk.)
 ISBN-10: 0-531-20704-8 (lib. bdg.)    0-531-20638-6 (pbk.)
 1. Bear cubs–Juvenile literature. 2. Bears–Juvenile literature. I. Title.
   II. Series.
 QL737.C27Z6518 2008
 599.78'139–dc22
                                                          2007050248

1 2 3 4 5 6 7 8 9 10 R 18 17 16 15 14 13 12 11 10 09

# CONTENIDO

# Caza de palabras

Busca estas palabras mientras lees. Aparecerán en **negrita.**

**trepar**

**hibernar**

**mamífero**

**osezno**

**guarida**

**amamantar**

**apilar**

# Oseznos

Los osos son **mamíferos.**

Los mamíferos tienen el cuerpo cubierto de pelo, sangre caliente y amamantan a sus crías.

A la cría del oso se le llama **osezno.**

¿Sabes en qué época del año nacen los oseznos?

La madre construye una **guarida** en invierno.

En la guarida nace por lo menos un osezno.

La madre **amamanta** a sus oseznos y los mantiene calentitos.

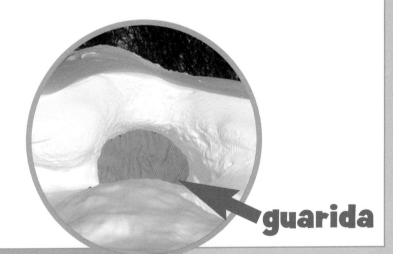

guarida

Estos oseznos se alimentan de la leche de su madre.

¡Llegó la primavera!

Los osos salen de la guarida.

A los oseznos les gusta correr y **trepar** a los árboles.

Los oseznos pueden trepar muy alto.

¿Qué hacen estos oseznos?

Están observando a su madre.

Ella los enseña a buscar alimento.

Los oseznos imitan todo lo que ella hace.

La mamá oso enseña a sus oseznos a atrapar peces.

Los oseznos aprenden qué deben comer.

Les gustan las nueces y las frutas.

Los peces y los insectos también son ricos.

Los oseznos comen mucho y engordan.

Este osezno se está comiendo un pez. ¡Delicioso!

Ya llegó el otoño. Es la hora de prepararse para el invierno.

Los oseznos ayudan a su madre a **apilar** hojas para hacer sus camas.

Ya ha llegado el invierno.

La mamá oso y sus oseznos **hibernan** o duermen.

**hibernar**

Estos oseznos apilan hojas para hacer sus camas.

La primavera ha regresado.

Los osos salen de sus guaridas.

Los oseznos ya habrán crecido cuando llegue el otoño.

Pronto, cada oso tendrá una nueva familia.

# Cómo crece un oso

**1**

Es otoño.
La mamá
oso encuentra
una guarida
donde hibernar. Sus
oseznos nacerán
durante el invierno.

**2**

La mamá oso y
sus oseznos se
despiertan en la primavera.

**3**

Los oseznos aprenden
qué pueden comer y cómo
cazar durante el verano.

**7** Ahora es verano.
El osezno ya es un oso adulto.

**6** Llegó la primavera de nuevo. Los oseznos ya casi son adultos. Pronto dejarán a su mamá.

**5** La mamá oso y sus oseznos hibernan durante el invierno.

**4** Llegó la hora de prepararse para el invierno. Los oseznos apilan hojas en sus guaridas.

# Nuevas palabras

**amamantar** alimentar las crías con la leche de la madre

**apilar** los osos amontonan o reúnen hojas para hacer sus camas

**guarida** cueva donde duermen los osos en invierno

**hibernar** dormir durante todo el invierno

**mamífero** animal de sangre caliente que alimenta a sus crías con la leche de las mamas y tiene el cuerpo cubierto de pelo

**osezno** cachorro o cría de oso

**trepar** subir a un lugar alto con la ayuda de las patas

# ¿Qué otros animales hibernan?

**la mariquita**

**la mofeta**

**el sapo**

**la marmota**

# ÍNDICE

## UN POCO MÁS

**Libro:**

*Watch Me Grow: Bear,* by Lisa Magloff (DK Publishing, 2003)

**Página web:**

http://www.enchantedlearning.com/subjects/mammals/bear/

## SOBRE LA AUTORA:

**Pam Zollman** es una autora premiada por sus cuentos, artículos y libros para niños. Es la autora del libro *North Dakota* (Scholastic Children's Press) y otros libros de esta serie Ciclos de vida. Vive en un área rural de Pensilvania, donde los osos están más cerca de lo que ella quisiera.